"Ceux dont le nom est écrit dans ce cahier meurent..."
C'est Light Yagami, un brillant lycéen, qui a ramassé le
death note que le dieu de la Mort Ryûk a laissé tomber.
Il décide de l'utiliser pour construire la société idéale
selon lui, en mettant au pas les criminels. Il agit sous le
nom de Kira. L est le nom de celui qui essaie d'arrêter
Kira. Une guerre de cerveaux s'engage entre les deux
garçons... Light, qui finit par tuer L, pense que ses pro-
blèmes sont terminés.

Quatre ans plus tard, Light, qui est devenu le "deuxième
L" et qui continue à agir en tant que Kira, approche du
monde idéal dont il rêve. Mais aux États-Unis, les deux
protégés de L sont entrés en action et veulent l'arrêter.
Tous deux sont au courant de l'existence du carnet. Ils
sont dès lors se battre pour l'obtenir, ce qui constitue
selon eux le meilleur moyen de mettre la main sur Kira.
Grâce à d'habiles manœuvres, Mello réussit à acquérir
le cahier, mais le bureau d'enquête le lui reprend, et
Mello s'enfuit. Malheureusement, Sôichirô Yagami, le
père de Light, meurt au cours de l'attaque de la base de
Mello. Ensuite, Mello, qui se cachait jusqu'alors, entre en
contact avec Near pour échanger des informations avec
lui. Certaines circonstances et certaines informations
apportent à Near la certitude que Light est le nouveau L.
Il sème alors le doute dans le bureau d'enquête japonais.
De son côté, Light a demandé à Misa d'être la nouvelle
propriétaire de son cahier, afin que les enquêteurs ne
puissent pas remonter jusqu'à lui. En outre, il fait jouer
le rôle de Kira à Mikami, un fervent adorateur de Kira.
Mais à cause de la surveillance qu'Aizawa exerce sur lui,
Light ne peut pas transmettre directement ses instruc-
tions à Mikami. Mikami choisit donc un porte-parole
pour Kira : il s'agit de la présentatrice de NHN, Kiyomi
Takada, qui était justement la petite amie de Light
quand il était encore à l'université. Ainsi, Light réussit
enfin à communiquer avec Mikami.

Near, soupçonnant que Light est en contact avec Mikami,
se rend soudain au Japon et met en place une rencontre
avec L. Les deux adversaires se mettent d'accord sur
l'idée d'un face-à-face et élaborent chacun un plan en
vue de ce jour fatidique. Near, qui a l'œil sur Mikami,
progresse dans son enquête et finit par conclure que ce
dernier agit à la place de Kira. Trois semaines plus tard,
Near et L ont achevé les préparatifs : ils conviennent
d'un jour pour se rencontrer. Lequel d'entre eux sera
le vainqueur ? L'heure de cet affrontement très serré
approche !

Kiyomi Takada

Lidner

Teru Mikami

Gevanni

Rester

Matsuda

Sayu Yagami

Ide

Sachiko Yagami

Aizawa

Sôichirô Yagami

Mogi

TCHAK

!

TCHAK

JE DOIS DE NOUVEAU UTILISER L'ÉCRAN DE FUMÉE...

VOUS AVEZ SÛREMENT PLEIN DE QUESTIONS À ME POSER : JE SUIS SÛR QUE VOUS NE TIREREZ...

DE TOUTE FAÇON, JE SUIS COMPLICE DANS L'ENLÈVEMENT DE TAKADA.

HÉ LÀ ! DEPUIS QUAND LES JAPONAIS SONT-ILS AUTORISÉS À POSSÉDER DE GROS REVOLVERS COMME CEUX-LÀ ?

L'ÉQUIPE DES GARDES DU CORPS DE MADEMOISELLE TAKADA ET LA POLICE TENTENT PAR TOUS LES MOYENS DE RETROUVER LE RAVISSEUR.

UN DES CRIMINELS PORTAIT PLUSIEURS ARMES SUR LUI. QUAND IL LES A POINTÉES SUR LES GARDES DE MADEMOISELLE TAKADA, CEUX-CI N'ONT EU D'AUTRE CHOIX QUE DE TIRER SUR LUI.

C'EST TRÈS MAUVAIS, ÇA...

ÇA NE MARCHE TOUJOURS PAS, LIGHT ?

C'EST VRAI, ÇA... COMME NEAR A ENLEVÉ MISA, IL SERAIT CURIEUX QU'IL N'ENLÈVE PAS AUSSI TAKADA, QUI A DES LIENS AVEC KIRA.

EST-CE ENCORE UN COUP DE NEAR ?

MERDE... QU'EST-CE QUE ÇA SIGNIFIE ? QUI A...?

NON, LE PORTABLE DE TAKADA N'EST PAS ALLUMÉ. VU QU'ELLE S'EST FAIT ENLEVER, CELA N'A RIEN DE SURPRENANT, MAIS...

QUOIQUE, CETTE FAÇON DE FAIRE NE RESSEMBLE PAS À NEAR, MAIS PLUTÔT À...

NEAR... NOUS AVONS CONVENU DE NOUS RENCONTRER DANS TROIS JOURS... QU'EST-CE QUE ÇA SIGNIFIE ?

IL VA DE NOUVEAU NOUS NARGUER EN DISANT QU'IL S'EST PERMIS D'ENLEVER TAKADA ?

C'EST NEAR !

!

BIP BIP BIP

OUI.

... MELLO !

AH BON...? DANS CE CAS, ÇA DOIT ÊTRE...

?

L... CE N'EST PAS MOI QUI AI ENLEVÉ TAKADA.

IL VEUT SE SERVIR DE TAKADA...?

NON, C'EST IMPOSSIBLE. DANS LA SITUATION ACTUELLE, MELLO NE VOUDRA PAS COOPÉRER. IL VEUT SANS DOUTE REMONTER SEUL JUSQU'À KIRA EN SE SERVANT DE TAKADA.

NEAR... NE POUVEZ-VOUS PAS ENTRER EN CONTACT AVEC MELLO ?

JE VAIS ÊTRE FRANC AVEC VOUS. UNE PERSONNE QUI SUIVAIT TAKADA SELON MES ORDRES M'A ASSURÉ QUE C'ÉTAIT MELLO QUI L'AVAIT ENLEVÉE. MAIS FAIRE SUIVRE TAKADA N'A SERVI À RIEN : JE VOUS PRÉSENTE MES EXCUSES.

OUI, JE M'EN SOUVIENS.

OUI, C'EST ÇA. TU ES LE PORTE-PAROLE DE KIRA. TU TE SOUVIENS QUE NOUS AVONS DISCUTÉ UN JOUR DU FAIT QUE TU RISQUAIS PEUT-ÊTRE DE TE FAIRE TUER OU DE TE FAIRE ENLEVER COMME MAINTENANT ?

JE TRAVAILLE COMME PRÉSENTATRICE POUR NHN. ACTUELLEMENT, J'INTERVIENS TOUS LES JOURS AU JOURNAL TÉLÉVISÉ EN TANT QUE PORTE-PAROLE DE KIRA.

KI... KIYOMI TAKADA, 12 JUILLET 1985...

DIS-MOI TON NOM, TA DATE DE NAISSANCE ET TA PROFESSION.

"C'EST FAIT" ! ALORS, ELLE S'EST OCCUPÉE DE MELLO... MAIS LE PROBLÈME...

JE ME LE RAPPELLE, OUI. J'AI AGI COMME TU M'AVAIS DIT DE LE FAIRE, LIGHT. C'EST FAIT.

ET TU TE RAPPELLES QUEL COMPORTEMENT NOUS PENSIONS QUE TU DEVRAIS AVOIR DANS CES CIRCONSTANCES ?

QUAND NOUS AVONS PRIS L'AUTOROUTE, J'AI VU UN PANNEAU INDIQUANT LA DIRECTION DE NAGANO, C'EST TOUT.

J'AI ÉTÉ ENFERMÉE DANS UN CAMION, ET LA PORTE EST FERMÉE À CLÉ... IL Y A UNE MOTO À L'INTÉRIEUR.

TU L'IGNORES ?

NON, JE L'IGNORE.

TAKADA, JE VOIS QUE TU ES SUFFISAMMENT CALME. ALORS, COMMENÇONS PAR L'ENDROIT OÙ TU TE TROUVES. SAIS-TU OÙ TU ES ?

UN CAMION DE 2 TONNES ET UNE MOTO SE TROUVAIENT DANS LES DÉCOMBRES DE L'ÉGLISE INCENDIÉE. L'ESSENCE AURA SANS DOUTE PRIS FEU ET PROVOQUÉ CETTE CATASTROPHE.

NOUS SOMMES AU REGRET DE VOUS ANNONCER QUE L'AUTOPSIE A DÉMONTRÉ QUE L'UN DES DEUX CORPS RETROUVÉS ÉTAIT CELUI DE LA PRÉSENTATRICE KIYOMI TAKADA. C'EST EN EFFET CE QU'A OFFICIELLEMENT ANNONCÉ LA POLICE.

IL EST EXTRÊMEMENT DIFFICILE DE DÉTERMINER L'IDENTITÉ DU DEUXIÈME CADAVRE, PROBABLEMENT CELUI DU CRIMINEL.

PAGE 100. FACE-À-FACE

ET D'APRÈS LES INFORMATIONS QUE NOUS AVONS OBTENUES PAR LE GROUPE YOTSUBA, IL EST IMPOSSIBLE DE SE SERVIR DU CAHIER, SI LA MORT D'UNE PERSONNE DOIT EN ENTRAÎNER D'AUTRES.

QU'EST-CE QUI SE PASSE ? PEUT-ÊTRE QUE LA PERSONNE QUI TUE À LA PLACE DE KIRA A CRAINT QUE TAKADA NE LAISSE FILTRER DES INFORMATIONS ET QU'ELLE LA TUÉE... MAIS LE VISAGE ET LE NOM DE MELLO N'ÉTAIENT PAS CONNUS DU PUBLIC...

LA QUESTION EST DE SAVOIR CE QUE PENSE NEAR DE CES DEUX MORTS ET COMMENT IL VA RÉAGIR... ENFIN...

DÉSORMAIS, LES LIEUX DE L'INCENDIE ET LES CADAVRES NE SERONT PLUS EN MESURE DE NOUS FOURNIR DES INDICES RAPIDEMENT.

27

NE VOUS INQUIÉTEZ PAS POUR ÇA.

JE SUIS DÉSOLÉE... JE NE PENSAIS PAS QUE MELLO ALLAIT...

!? ..

? ..

LE PROBLÈME EST RÉSOLU.

TOUT IRA BIEN SI L/LIGHT YAGAMI CONSENT TOUJOURS À ME RENCONTRER CONFORMÉMENT À CE QUI A ÉTÉ PRÉVU.

KIRA

SI NEAR AVAIT PENSÉ QUE MELLO PASSERAIT À L'ACTION ET QUE TAKADA POUVAIT MOURIR, IL N'AURAIT PAS CHOISI LE 28. J'EN SUIS SÛR.

NEAR EST ORGUEILLEUX. JE NE PEUX PAS CROIRE QU'IL CHANGE LA DATE INITIALEMENT PRÉVUE. ET PUIS SURTOUT, NEAR A UN PLAN.

DE TOUTE FAÇON, NEAR SAIT BIEN QUE CES RECHERCHES NE RÉVÉLERONT PAS GRAND-CHOSE. LE PLUS IMPORTANT POUR LUI, MAINTENANT, C'EST L'EXÉCUTION DE SON PLAN.

NEWS V

IL FAUDRA DU TEMPS POUR AUTOPSIER LES CADAVRES DE TAKADA ET DE MELLO.

Le ROYAUME de KIRA

MELLO A DONC AGI SEUL. CELUI QUI L'A AIDÉ À ENLEVER TAKADA DEVAIT ÊTRE UN HOMME À LUI.

KIRA KIRA KIRA KI

KIRA KI

BIP BIP BIP

N

C'EST NEAR !

!

OUI. DE TOUTE FAÇON, JE N'AVAIS PAS POSÉ DE CONDITIONS MOI-MÊME.

VOUS ÊTES D'ACCORD POUR QU'IL N'Y AIT PAS DE CHANGEMENTS EN CE QUI CONCERNE LES AUTRES MODALITÉS DE LA RENCONTRE, N'EST-CE PAS ?

POUR NEAR NON PLUS, PROBABLEMENT, IL DOIT SANS DOUTE CONSIDÉRER QU'UN PERSONNAGE DE MOINDRE IMPORTANCE S'EST DE NOUVEAU FAIT ÉLIMINER.

CELA NE MODIFIE EN RIEN MES PLANS...

EN TOUT CAS, COMME TOUT DOIT SE RÉGLER LE 28, TAKADA NE M'AURAIT PLUS ÉTÉ UTILE, ET VU QUE JE COMPTAIS ME DÉBARRASSER D'ELLE, JE N'AI QU'À CONSIDÉRER QUE JE L'AI FAIT PLUS TÔT.

BIP

EH BIEN, À APRÈS-DEMAIN, LE 28 !

OUI.

BIP

34

LE 28 JANVIER 2010

J'ARRIVE AVEC M. MOGI ET MLLE AMANE.

TRÈS BIEN.

ALORS, REJOIGNEZ-NOUS, GEVANNI.

MIKAMI SE REND À L'HEURE HABITUELLE SUR SON LIEU DE TRAVAIL.

BON-
JOUR...

SACHEZ
TOUT
D'ABORD
QUE J'AI
RELÂCHÉ
AMANE.
APPELEZ-
LA POUR
VÉRIFIER.

BONJOUR
À TOUS.

JE NE SAIS
PAS SI NEAR
ESSAIE DE
S'EXCUSER
POUR CE QUI
S'EST PASSÉ,
MAIS JE ME
TROUVE DANS
UNE SUITE
DE LUXE
DE L'HÔTEL
TEITÔ !

BIP
BIP

BIP

NEAR,
LAISSEZ-MOI
PARLER À MOGI.
POUR POUVOIR
RÉCUPÉRER
LE CAHIER
CONSERVÉ
AU Q.G.,
IL NOUS FAUT
UN CODE
QUE MOGI
EST LE SEUL
À CONNAÎTRE.

OUI !
♡

VRAIMENT ?
TRÈS BIEN.
RESTES-Y
BIEN
SAGEMENT
PENDANT
UN PETIT
MOMENT.

ENTENDU,
JE VOUS
LE PASSE.

IL NE RESTE PLUS QUE MON CODE...

BIP BIP

ICI, MOGI. LE CODE EST 62 324.

...

LE CAHIER DE LA MORT...

JE VOUS EN REMERCIE. EH BIEN, À TOUT À L'HEURE À L'ENTREPÔT.

NEAR, J'AI PENSÉ QU'AIZAWA SERAIT LA PERSONNE LA PLUS INDIQUÉE POUR VOUS L'APPORTER.

TIENS ! VOUS ÊTES D'ACCORD DE LAISSER M. AIZAWA PRENDRE LE CAHIER, L ?

NEAR... J'AI ICI LE CAHIER QUI SE TROUVAIT AU Q.G. JE VAIS VOUS L'APPORTER.

AINSI TOUT SERA FINI.

MELLO ET TAKADA SONT MORTS. IL N'Y A PLUS PERSONNE POUR ME METTRE DES BÂTONS DANS LES ROUES.

NON... LE MONDE PARFAIT DE KIRA VA DEVENIR RÉALITÉ.

L, NEAR, MELLO... VOUS QUI VOUS ÊTES OPPOSÉS À DIEU, JE NE VOUS LAISSERAI PLUS ME GÊNER.

TOUTES LES AUTRES PERSONNES QUI CONNAISSENT L'EXISTENCE DU CAHIER MOURRONT, ALORS JE RÉGNERAI EN TANT QUE KIRA !

TU ES LE SEUL À QUI JE LAISSERAI LA VIE SAUVE, PARCE QUE JE PEUX ME SERVIR DE TES YEUX.

C'EST TOI QUI LES INSCRIRAS, MIKAMI. TOI, TU M'ES UTILE.

LES NOMS DE NEAR, DES MEMBRES DU S.P.K. ET DE CEUX DU BUREAU D'ENQUÊTE SERONT INSCRITS AUJOURD'HUI DANS LE CAHIER.

QUAIS POUR LE SHINKANSEN*

Shinkansen Tracks

BANQUE

* SHINKANSEN : TRAIN À GRANDE VITESSE.

MAIS OUI !

J'AI L'IMPRESSION QUE NEAR EST DÉJÀ LÀ.

VRAM

!

ENTEN-DU.

VRIII BAM LII

AIZAWA, VOUS ALLEZ D'ABORD ENTRER DANS L'ENTREPÔT AVEC MATSUDA...

... POUR VOUS ASSURER QU'IL N'Y A PAS D'ÉMETTEURS OU DE CAMÉRAS, COMME PRÉVU, ET POUR VÉRIFIER QUE CE SONT BIEN LES MEMBRES DU S.P.K. QUI SONT LÀ ET QUE MOGI EST BIEN PRÉSENT.

AH, ILS REVIENNENT.

PAGE 101. INCITATION

CE N'EST PAS LA PEINE DE ME LE DIRE, JE SAIS BIEN QUE C'EST LUI. C'EST JUSTEMENT PARCE QUE C'EST NEAR QU'IL PORTE UN MASQUE.

AIZAWA, MOGI... PEU M'IMPORTE QU'IL S'AGISSE VRAIMENT DE NEAR.

C'EST VRAI. J'ÉTAIS AVEC NEAR AVANT QU'IL METTE CE MASQUE, ET C'EST BIEN LUI.

L... CES QUATRE PERSONNES SONT DES MEMBRES DU S.P.K. ET CELUI QUI PORTE UN MASQUE EST NEAR, JE SUIS CATÉGORIQUE.

BIEN SÛR, JE FAIS LA SUPPOSITION QUE L EST KIRA... DONC, COMME L'ENDROIT ET L'HEURE DE CETTE RENCONTRE ONT ÉTÉ DÉCIDÉS IL Y A TROIS JOURS...

MAIS IL EST POSSIBLE, EN REVANCHE, QU'ILS CONNAISSENT LES VISAGES DES AUTRES PERSONNES ICI PRÉSENTES.

JE SUIS CERTAIN QUE KIRA ET CELUI QUI REND LA JUSTICE À SA PLACE NE CONNAISSENT PAS ENCORE MON VISAGE.

...

... IL SE PEUT QUE LES NOMS DE TOUTES LES PERSONNES ICI PRÉSENTES, EXCEPTÉ LE MIEN, AIENT DÉJÀ ÉTÉ INSCRITS DANS LE CAHIER AFIN DE LES FAIRE MOURIR.

ÉVIDEMMENT, JE PENSE QUE KIRA, QUI SE TROUVE ICI, NE PEUT PAS TUER QUELQU'UN EN VOYANT SEULEMENT SON VISAGE.

SI CELA SE PRODUISAIT, IL NE RESTERAIT ICI QUE MOI ET KIRA, ET CELUI-CI N'AURAIT PLUS QU'À INSCRIRE MON NOM DANS LE CAHIER QUE M. AIZAWA PORTE SUR LUI.

...NI QUE TOUT SE DÉROULERAIT D'UNE FAÇON SI CONFORME AU SCÉNARIO QUE J'AVAIS IMAGINÉ.

NEAR... JE NE PENSAIS PAS QUE J'AURAIS TANT DE MAL À ME RETENIR DE RIRE...

...JE NE POURRAI PAS VOUS LE MONTRER AVANT D'AVOIR RETIRÉ MON MASQUE.

OUI.

IL LE RETIRERA SANS DOUTE QUAND IL AURA CONSTATÉ QUE NOUS SOMMES TOUS SAINS ET SAUFS.

IL NE PEUT PAS NOUS LE MONTRER SANS RETIRER SON MASQUE, ET POURTANT, IL NE LE RETIRE PAS !? C'EST CONTRADICTOIRE !

IL ENTRERA FORCÉMENT PAR CETTE PORTE... OU ALORS, IL REGARDERA PAR LA LUCARNE.

CE BÂTIMENT EST HERMÉTIQUEMENT FERMÉ. LE SEUL MOYEN DE VOIR CE QUI SE PASSE À L'INTÉRIEUR, C'EST D'OUVRIR LA PORTE.

IL VIENDRA SANS FAUTE. NOUS DEVONS L'ATTENDRE.

TOUT À FAIT. C'EST POURQUOI CELUI QUI VIENDRA ICI AURA ÉTÉ INFORMÉ PAR KIRA. IL S'AGIT DE X-KIRA, LE FIDÈLE SERVITEUR DE KIRA.

ET QUI VA VENIR, SELON VOUS ?

EN PRINCIPE, NOUS N'AVONS PARLÉ À PERSONNE DE L'ENDROIT OÙ NOUS NOUS TROUVONS.

MONSIEUR AIZAWA...

...

?

VOUS AVEZ CONTINUÉ À SURVEILLER L MÊME APRÈS LA MORT DE TAKADA, N'EST-CE PAS ?

DANS CE CAS, X-KIRA VIENDRA SANS FAUTE. KIRA PASSAIT PAR TAKADA POUR COMMUNIQUER AVEC LUI.

OUI.

SSS

MAIS POUR MOI COMME POUR L, L'ENLÈVEMENT DE TAKADA ÉTAIT UN ÉVÈNEMENT INATTENDU. LA MORT DE TAKADA A PRIVÉ L DU MOYEN DE CONTACTER X-KIRA, IL N'A DONC PAS PU LUI DIRE QUE SON PLAN ÉTAIT ANNULÉ. ENFIN NON, L'ANNULER N'AURAIT EU AUCUN SENS. IL N'AURAIT JAMAIS FAIT CELA, PARCE QU'IL NE VOULAIT PAS FAIRE TOMBER NOS SCÉNARIOS RESPECTIFS À L'EAU.

TAK

LE SOIR OÙ NOUS AVONS DÉCIDÉ DU JOUR DE CETTE RENCONTRE, L ET TAKADA SE SONT VUS. L EN A PROFITÉ POUR TRANSMETTRE À X-KIRA LA DATE ET TOUS LES DÉTAILS DE CETTE RENCONTRE.

IL EST ÉVIDENT QUE S'IL VIENT ICI, C'EST SUR L'ORDRE DE KIRA.

PARCE QUE CELUI QUI VA VENIR EST CELUI QUI REND ACTUELLEMENT LA JUSTICE À LA PLACE DE KIRA.

C'EST VRAI, ÇA ! ET QUI NOUS DIT QUE CE N'EST PAS VOUS QUI AVEZ ORGANISÉ LA VENUE DE CETTE TIERCE PERSONNE ICI ?

POURQUOI ÊTES-VOUS SI SÛR QUE L EST KIRA ?

C'EST EXAC-TEMENT ÇA, NEAR.

ENSUITE, IL REGARDERA MON VISAGE ET INSCRIRA MON NOM SUR UNE PAGE.

OUI. IL VA VENIR AVEC UN CAHIER. C'EST CERTAIN.

ATTENDEZ UN PEU... S'IL REND LA JUSTICE À LA PLACE DE KIRA, IL POSSÈDE UN CAHIER ?

NON, SINCÈREMENT, JE NE COMPTE PAS LE LAISSER ME TUER.

ALORS, C'EST VOTRE MORT QUI PROUVERA QU'IL EST L'ENVOYÉ DE KIRA ?

...

... IL DEVRA AUSSI TUER TOUS CEUX QUI CONNAISSENT L'EXISTENCE DU CAHIER ICI.

SI X-KIRA VOUS TUE...

OUI ?

ATTENDEZ, NEAR.

58

PAGE 102. PATIENCE

C'EST CE QUE JE PENSAIS !

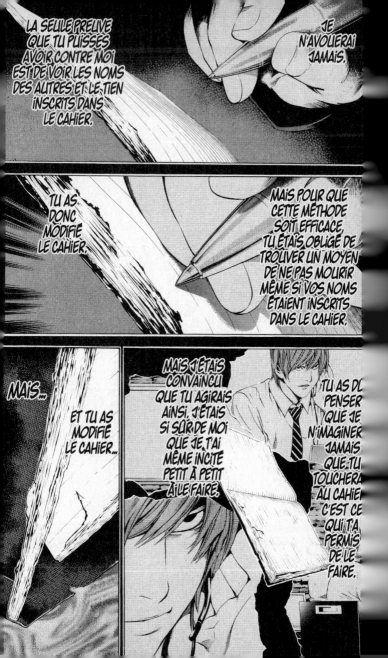

LA SEULE PREUVE QUE TU PUISSES AVOIR CONTRE MOI EST DE VOIR LES NOMS DES AUTRES ET LE TIEN INSCRITS DANS LE CAHIER.

JE N'AVOUERAI JAMAIS.

TU AS DONC MODIFIÉ LE CAHIER.

MAIS POUR QUE CETTE MÉTHODE SOIT EFFICACE, TU ÉTAIS OBLIGÉ DE TROUVER UN MOYEN DE NE PAS MOURIR MÊME SI VOS NOMS ÉTAIENT INSCRITS DANS LE CAHIER.

MAIS...

ET TU AS MODIFIÉ LE CAHIER...

MAIS J'ÉTAIS CONVAINCU QUE TU AGIRAIS AINSI, J'ÉTAIS SI SÛR DE MOI QUE JE T'AI MÊME INCITÉ PETIT À PETIT À LE FAIRE.

TU AS DÛ PENSER QUE JE N'IMAGINERAI JAMAIS QUE TU TOUCHERA AU CAHIER C'EST CE QUI T'A PERMIS DE LE FAIRE.

ET LE CAHIER DANS LEQUEL MIKAMI EST EN TRAIN D'ÉCRIRE EST LE VRAI CAHIER QUI AVAIT ÉTÉ TENU CACHÉ JUSQU'À AUJOURD'HUI !

... LE CAHIER QUE TU AS TRAFIQUÉ ÉTAIT UNE COPIE QUE J'AVAIS PRÉPARÉE POUR MIKAMI !

ÇA ME DONNE UN AVANTAGE SUR TOI, ET CE SERA L'UNE DES RAISONS DE TA DÉFAITE.

TU N'ES PAS AU COURANT DES QUESTIONS LIÉES À LA PROPRIÉTÉ DU CAHIER ET TU IGNORES QUE L'ON PEUT TUER AVEC UNE SEULE PAGE DU CAHIER, OU MÊME UN FRAGMENT DE PAGE.

... J'AI SU QUE TU ALLAIS FINIR PAR REMONTER JUSQU'À MIKAMI ET QUE TU LE FERAIS SUIVRE POUR TOUCHER AU CAHIER.

AU MOMENT OÙ TU AS DIT QUE NOUS NOUS VERRIONS UN JOUR EN FACE-À-FACE POUR METTRE UN TERME À CETTE AFFAIRE...

AUTREMENT DIT, C'ÉTAIT TAKADA QUI RENDAIT LA JUSTICE À MA PLACE, ET TANDIS QUE MIKAMI ET TAKADA ÉTAIENT EN CONTACT, JE FAISAIS ÉCRIRE À MIKAMI LES NOMS DANS LE FAUX CAHIER QUE TU AS VU.

VA T'ENVOYER UNE FAUSSE LET... D'ADMIRATEUR QUE TU RECONN... IMMÉDIATEMENT. L'INTÉRIEUR, TU TROUVERAS CINQ ...EUILLES DE PAPIER. JUSQU'À CE QU... ...ES REÇOIVES, IL CONTINUERA À RE... ...USTICE COMME IL L'A FAIT JUSQ... ...ENT, MAIS DÈS QUE TU L'AVE... AS REÇU SA LETTRE, IL DEVRA... ...SERVIR DU VRAI CAHIER ET EN I... ...NE COPIE PARFAITE DONT IL FERA SE... SE SERVIR POUR TUER LES CRIMI... S NOMS ET LES PHOTOS DES PERSO... ...ANT ÊTRE JUGÉES SERONT PRÉSE... ...IHN COMME AVANT.

J'AI DIT À MIKAMI DE FABRIQUER UN FAUX CAHIER ET D'ENVOYER CINQ PAGES DE L'ORIGINAL À TAKADA POUR COMMENCER. J'AI ENSUITE IMAGINÉ PLUSIEURS SITUATIONS ET J'AI DEMANDÉ À MIKAMI DE LUI ENVOYER PLUS DE PAGES AFIN QU'ELLE PUISSE TENIR PENDANT QUELQUE TEMPS.

TOUT ÉTAIT PRÉVU. MIKAMI DEVAIT ENVOYER PAR MAIL LES NOMS ET LES VISAGES DES VICTIMES NÉCESSAIRES À TAKADA QUI RENDAIT LA JUSTICE.

DE PLUS, J'AVAIS DEMANDÉ À MIKAMI DE SE SERVIR PLUSIEURS FOIS DU CAHIER À L'EXTÉRIEUR, DE FAÇON À ÊTRE VU PAR CELUI QUI LE FILAIT.

C'EST AINSI QUE JE T'AI FAIT CROIRE QUE LE CAHIER QUE MIKAMI AVAIT AVEC LUI ÉTAIT L'ORIGINAL.

EN REVANCHE, SI MIKAMI SORTAIT SON CAHIER ET SI QUELQU'UN MOURAIT À PROXIMITÉ, C'ÉTAIT CELA QUI ATTIRAIT L'ATTENTION.

CELUI QUI SUIVAIT MIKAMI NE RISQUAIT PAS DE S'ASSEOIR À CÔTÉ DE LUI POUR LIRE SON MAIL... ET QUAND MIKAMI MANIPULAIT SON PORTABLE, ÇA N'AVAIT RIEN D'ANORMAL.

TU VOULAIS SAVOIR SI UN DIEU DE LA MORT N'Y ÉTAIT PAS ATTACHÉ ET VÉRIFIER QUE CEUX DONT LES NOMS ÉTAIENT INSCRITS ÉTAIENT BIEN MORTS, OU ENCORE SAVOIR QUAND ET COMMENT LES NOMS ÉTAIENT INSCRITS.

TU L'AS SÛREMENT MANIPULÉ PLUSIEURS FOIS.

TU AS PENSÉ QUE LE CENTRE DE FITNESS ÉTAIT LE SEUL ENDROIT OÙ TU POURRAIS AVOIR ACCÈS AU CAHIER.

21

MAIS IL FALLAIT IMPÉRATIVEMENT VOUS DONNER L'OCCASION DE VOUS EMPARER DU CAHIER, SANS QUE CELA PARAISSE SUSPECT. OR MIKAMI FRÉQUENTE DEPUIS CINQ ANS LE MÊME CENTRE DE FITNESS OÙ IL SE REND TOUS LES JEUDIS ET DIMANCHES. J'AI VRAIMENT BIEN FAIT DE LE CHOISIR...

TU AS DONC FIXÉ LE JOUR DE CETTE RENCONTRE DE FAÇON À CE QUE MIKAMI DOIVE ÉCRIRE SUR UNE PAGE DE DROITE BIEN PRÉCISE, PUIS TU N'AS PLUS EU QU'À REMPLACER CETTE PAGE ET LES SUIVANTES. C'ÉTAIT ÇA, TON PLAN !

NEAR, TU NE POUVAIS PAS MANQUER DE REMARQUER QUE MIKAMI REMPLISSAIT UNE PAGE PAR JOUR.

IL EST D'UNE RÉGULARITÉ PRESQUE MALADIVE DANS SA VIE QUOTIDIENNE. CHAQUE JOUR, IL REMPLIT UNE PAGE DU CAHIER, NI PLUS, NI MOINS.

POUR ÇA AUSSI, J'AI VRAIMENT BIEN FAIT DE CHOISIR MIKAMI.

LE JEUDI 21 JANVIER, UN JOUR OÙ MIKAMI ÉTAIT ALLÉE FAIRE DE LA GYM, ENSUITE, TU M'AS CONTACTÉ LE 25 POUR ME PROPOSER DE NOUS RENCONTRER, CE QUI VEUT DIRE QUE LE DIMANCHE, 24, TANDIS QUE MIKAMI FAISAIT SA GYM, TU AS VÉRIFIÉ S'IL N'Y AVAIT PAS DE CHANGEMENTS DANS SA FAÇON D'INSCRIRE LES NOMS DANS LE CAHIER.

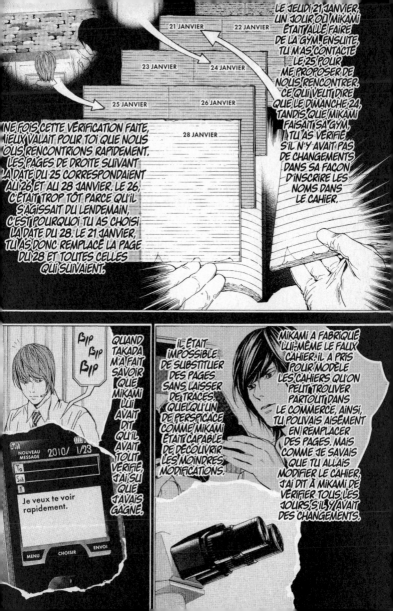

UNE FOIS CETTE VÉRIFICATION FAITE, MIEUX VALAIT POUR TOI QUE NOUS NOUS RENCONTRIONS RAPIDEMENT. LES PAGES DE DROITE SUIVANT LA DATE DU 25 CORRESPONDAIENT AU 26 ET AU 28 JANVIER. LE 26, C'ÉTAIT TROP TÔT PARCE QU'IL S'AGISSAIT DU LENDEMAIN, C'EST POURQUOI TU AS CHOISI LA DATE DU 28. LE 21 JANVIER, TU AS DONC REMPLACÉ LA PAGE DU 28 ET TOUTES CELLES QUI SUIVAIENT.

BIP BIP BIP

QUAND TAKADA M'A FAIT SAVOIR QUE MIKAMI LUI AVAIT DIT QU'IL AVAIT TOUT VÉRIFIÉ, J'AI SU QUE J'AVAIS GAGNÉ.

NOUVEAU MESSAGE 2010/ 1/23
To
Sub
S
Je veux te voir rapidement.

MENU   CHOISIR   ENVOI

IL ÉTAIT IMPOSSIBLE DE SUBSTITUER DES PAGES SANS LAISSER DE TRACES. QUELQU'UN DE PERSPICACE COMME MIKAMI ÉTAIT CAPABLE DE DÉCOUVRIR LES MOINDRES MODIFICATIONS.

MIKAMI A FABRIQUÉ LUI-MÊME LE FAUX CAHIER. IL A PRIS POUR MODÈLE LES CAHIERS QU'ON PEUT TROUVER PARTOUT DANS LE COMMERCE, AINSI, TU POUVAIS AISÉMENT EN REMPLACER DES PAGES. MAIS COMME JE SAVAIS QUE TU ALLAIS MODIFIER LE CAHIER, J'AI DIT À MIKAMI DE VÉRIFIER TOUS LES JOURS S'IL Y AVAIT DES CHANGEMENTS.

PUISQUE TU CROYAIS QUE LE CAHIER ÉTAIT AUTHENTIQUE, SI LE JOUR DE LA RENCONTRE ÉTAIT REPORTÉ, LES GENS DONT MIKAMI INSCRIRAIT LE NOM SUR LES PAGES SUIVANTES NE SERAIENT PAS MORTS, ET LA SUPERCHERIE AURAIT ÉTÉ DÉCOUVERTE.

28 JANVIER

TU AS PROPOSÉ LA DATE DU 28 À 13 HEURES, TU NE POUVAIS PLUS LA MODIFIER.

CETTE ACTION DE MELLO NE T'ÉTAIT D'AUCUNE UTILITÉ, AU CONTRAIRE, ELLE A DÛ TE CONTRARIER AU PLUS HAUT POINT. MAIS MELLO A TOTALEMENT ÉCHOUÉ.

QUAND MELLO A ENLEVÉ TAKADA, JE ME SUIS DEMANDÉ UN INSTANT SI TU N'ÉTAIS PAS DERRIÈRE TOUT ÇA, MAIS J'AI TOUT DE SUITE COMPRIS QU'IL AVAIT AGI DE SA PROPRE INITIATIVE.

ENLÈVEMENT DE KIYOMI TAKADA

BREF, LE FAIT QUE TU N'AIES PAS MODIFIÉ LA DATE DE LA RENCONTRE PROUVE QUE TU N'ÉTAIS PAS DE MÈCHE AVEC MELLO ET QUE TU N'AS PAS D'AUTRE PLAN. L'ENLÈVEMENT STUPIDE DE MELLO N'A RÉUSSI QU'À CONFIRMER MA VICTOIRE.

28

TU CROIS, SANS DOUTE, QUE TAKADA EST MORTE PARCE QUE MIKAMI A INSCRIT SON NOM DANS LE CAHIER, MAIS TU N'AS SÛREMENT PAS PENSÉ À REPORTER NOTRE RENCONTRE POUR LE VÉRIFIER... EN TOUT CAS, TU NE L'AS PAS FAIT. MAIS MÊME SI TU L'AVAIS FAIT, MIKAMI AURAIT EU L'IDÉE D'INSCRIRE LE NOM DE TAKADA DANS LE CAHIER, ET IL N'Y AURAIT PAS EU DE PROBLÈME.

PAGE 103. DECLARATION

Nate River Anthony Carter Stephen Loud Halle Bullook
榎木完造 松田桃太 伊出英基 相沢周市
KANZŌ MOGI TŌTA MATSUDA HIDERI IDE RIŪICHI AIZAWA

LES QUATRE PREMIERS NOMS SONT BIEN LES VRAIS NOMS DES MEMBRES DU S.P.K. ET LE SEUL NOM MANQUANT EST CELUI DE LIGHT YAGAMI.

C'EST...

TOUT EST RÉGLÉ.

MIKAMI VOUS A APPELÉ "MON DIEU" ET IL A DIT QU'IL AVAIT AGI COMME VOUS LE LUI AVIEZ ORDONNÉ...

A~ ARRÊ-TEZ...

KLANG

VLAM

HAA

HAA

VOUS NOUS AVEZ INCITÉ À AGIR AINSI. LE CAHIER QUE J'AVAIS FAIT MODIFIER ÉTAIT UNE COPIE. MAIS VOUS AVEZ FAIT VENIR ICI MIKAMI AVEC UN VRAI CAHIER QUI DEVAIT VOUS PERMETTRE DE NOUS TUER TOUS.

FAUX

MON PLAN ÉTAIT DE REMPLACER LES PAGES DU CAHIER, AINSI, MÊME SI NOS NOMS S'Y TROUVAIENT INSCRITS, NOUS NE MOURRIONS PAS ET J'AURAIS EU UNE PREUVE CONTRE VOUS.

ÇA, C'ÉTAIT VOTRE PLAN.

Anthony
松田桃太 伊
TOTA MATSUDA

!....

MAIS QUAND JE VOUS AI DIT TOUT À L'HEURE QUE J'AVAIS TRAFIQUÉ LE CAHIER, JE VOUS PARLAIS DU VRAI CAHIER.

C'EST PAS VRAI...

FLAP

FAUX

BREF, J'AI FAIT MODIFIER LES DEUX CAHIERS, LE VRAI ET LE FAUX. DANS LE FAUX, JE N'AI REMPLACÉ QU'UNE PARTIE DES PAGES, MAIS J'AI CHANGÉ TOUTES CELLES DU VRAI.

MIKAMI N'EST QUAND MÊME PAS PASSÉ DU CÔTÉ DE NEAR...

!...

IL DOIT Y AVOIR UNE ASTUCE... J'AI FAIT UTILISER LE FAUX CAHIER À MIKAMI TOUT LE TEMPS... IL ÉTAIT IMPOSSIBLE À NEAR DE S'EMPARER DU VRAI...

JE SUIS SÛR QUE VOUS VOYEZ CE QUE JE VEUX DIRE.

C'EST GRÂCE À MELLO.

NON, MIKAMI NE ME TRAHIRAIT JAMAIS, IL PRÉFÉRERAIT ENCORE MOURIR, MAIS PEUT-ÊTRE QUE SI ON LE POUSSAIT DANS SES DERNIERS RETRANCHEMENTS...

VOUS VOUS TROMPEZ.

!?

LE 26 JANVIER À 2 H 33, KIYOMI TAKADA SE SUICIDE EN INCENDIANT TOUT CE QUI SE TROUVE AUTOUR D'ELLE.

REGARDEZ LA PREMIÈRE LIGNE DE LA PAGE DE GAUCHE.

2 H 33, KIYOMI TAKADA SE SUICIDE EN INCENDIANT TOUT CE QUI

AI UEO   KAKIKU

JANVIER À 2 H 33,
NEKON
0 H 13   HAHIBU
K   27 JANVIER

KIYOMI TAKADA

AI UEO

0 H 25   SHIMUR
27 JANVIER

!...

EH OUI ! MIKAMI A SORTI LE VRAI CAHIER QUAND TAKADA S'EST FAIT ENLEVER.

ENSUITE, IL Y A INSCRIT LE NOM DE TAKADA.

LE VRAI CAHIER, CELUI QUI ÉTAIT CACHÉ DANS LE COFFRE D'UNE BANQUE.

APRÈS L'ANNONCE PAR LES MÉDIAS DE L'ENLÈVEMENT DE TAKADA, MIKAMI S'EST RENDU À LA BANQUE. COMME LE 25 OCTOBRE 2010 ÉTAIT UN DIMANCHE, IL N'A PU Y ALLER QUE LE 26. GRÂCE À MES RECHERCHES, JE SAVAIS QU'IL ÉTAIT TOUJOURS ALLÉ LE 25 À LA BANQUE EN AOÛT, SEPTEMBRE, NOVEMBRE ET DÉCEMBRE.

KIYOMI TAKADA

AI UEO
27 JANVIER 0 H 05

MAIMI MUKO
27 JANVIER 0 H 17

SHIRUKAWA TOMIYA
27 JANVIER 0 H 29

UTATSUCHI SORAMI
27 JANVIER 0 H 41

TÔZU TAKAMI
27 JANVIER 0 H 53

...

POUR UNE FOIS, MIKAMI SEMBLAIT TRÈS ENNUYÉ QUE JE LE SUIVE.

JE SUIS ENTRÉ DANS LA BANQUE, MOI AUSSI, POUR LE SUIVRE DE PLUS PRÈS, ET J'AI VU QU'IL ALLAIT À LA SALLE DES COFFRES.

MIKAMI S'EST RENDU LE 25 JANVIER À LA BANQUE, MAIS IL Y EST RETOURNÉ LE 26, JUSTE APRÈS L'ENLÈVEMENT DE TAKADA. POUR MIKAMI QUI EST SI RÉGULIER, C'ÉTAIT UN COMPORTEMENT ÉTRANGE.

MAINTENANT QUE J'Y REPENSE, J'AURAIS DÛ ME DOUTER DE QUELQUE CHOSE QUAND MIKAMI SORTAIT LE CAHIER EN PUBLIC ET LE JOUR OÙ IL PARLAIT SEUL, EN SE DEMANDANT SI UN DIEU DE LA MORT ÉTAIT LÀ.

MIKAMI A UNE VIE RÉGLÉE COMME DU PAPIER À MUSIQUE, MAIS QUAND TAKADA SE FAIT ENLEVER, VOILÀ QU'IL VA DEUX JOURS DE SUITE À LA BANQUE... JE DOIS VOUS AVOUER QUE C'EST SEULEMENT QUAND GEVANNI M'A APPELÉ CE JOUR-LÀ QUE, POUR LA PREMIÈRE FOIS, J'AI ENVISAGÉ L'EXISTENCE D'UN FAUX CAHIER.

ALORS, SI RIEN N'AVAIT CHANGÉ, NOUS AURIONS VRAIMENT PERDU.

JUSQUE-LÀ, VOUS, TAKADA ET MIKAMI NOUS AVEZ BIEN BERNÉS ET VOUS AVEZ RÉUSSI À NOUS FAIRE REMPLACER DES PAGES DANS LE FAUX CAHIER.

MIKAMI N'AVAIT QU'À ENVOYER À TAKADA LA LISTE DES VICTIMES EN SE SERVANT DE SON TÉLÉPHONE PORTABLE OU DE SON ORDINATEUR, APRÈS QUOI, IL DÉTRUISAIT CES DONNÉES.

POUR NOUS DONNER L'IMPRESSION QUE LE CAHIER DE MIKAMI ÉTAIT VRAI, VOUS AVEZ SANS DOUTE ARRACHÉ LES PAGES DU VRAI CAHIER ET VOUS LES AVEZ DONNÉES À TAKADA POUR QUE CE SOIT ELLE QUI RENDE LA JUSTICE.

MIKAMI AURAIT PU TUER CES GENS EN SE SERVANT DE PAGES ARRACHÉES AU CAHIER. MAIS S'IL L'AVAIT FAIT CHEZ LUI, OÙ NOUS AVIONS PEUT-ÊTRE INSTALLÉ DES CAMÉRAS, NOUS AURIONS PU COMPRENDRE QU'IL Y AVAIT UN FAUX CAHIER ET QU'IL ÉTAIT POSSIBLE DE TUER EN SE SERVANT SEULEMENT D'UN FRAGMENT DU CAHIER.

QUANT AUX JUGEMENTS DU 28, C'EST-À-DIRE AUJOURD'HUI, VOUS POUVIEZ LES EFFECTUER À VOTRE CONVENANCE APRÈS NOUS AVOIR TUÉS.

EN CE QUI CONCERNE LES JUGEMENTS DES 26 ET 27 JANVIER VOUS AVEZ PEUT-ÊTRE CHARGÉ MIKAMI D'ENVOYER UNE LISTE DE VICTIMES À TAKADA APRÈS SON ENLÈVEMENT, ET MIKAMI AURA PEUT-ÊTRE INSCRIT CES NOMS EN MÊME TEMPS QUE CELUI DE TAKADA DANS SON CAHIER POUR PLUS DE SÛRETÉ.

... SELON VOTRE PLAN, LIGHT YAGAMI...

ENFIN...

C'EST PARCE QUE MIKAMI N'AVAIT PAS L'AUTORISATION DE SORTIR DE NOUVEAU LE CAHIER JUSQU'À AUJOURD'HUI.

EN TEMPS NORMAL, JE N'AURAIS RIEN REMARQUÉ, MAIS EN OBSERVANT LE CAHIER, ON VOIT QU'IL N'Y A PAS DE NOUVEAUX CRIMINELS MORTS POUR LE 26 OU LE 27 APRÈS L'AUBE.

116

PAGE 105. IMPOSSIBLE

C'EST VRAI, JE SUIS KIRA !

JE SUIS L'ÉLU, CHOISI ENTRE TOUS POUR CHANGER LA SOCIÉTÉ ET CRÉER UN MONDE VRAIMENT EN PAIX, UN MONDE IDÉAL.

JE DEVAIS ÊTRE KIRA ET LE FAIRE. TELLE ÉTAIT LA MISSION DONT J'ÉTAIS INVESTI.

J'ÉTAIS LE SEUL À POUVOIR LE FAIRE ! JE SAIS QUE TUER EST UN CRIME, MAIS C'ÉTAIT LE SEUL MOYEN DE CORRIGER LE MONDE. JE SAVAIS QU'UN JOUR ON RECONNAÎTRAIT MON ACTE COMME JUSTE.

AURAIT-IL ÉTÉ CAPABLE DE CONTINUER ?

SERAIT-IL ARRIVÉ SI LOIN ?

QUELQU'UN D'AUTRE EN AURAIT-IL ÉTÉ CAPABLE ?

AVEC CE CAHIER...

MAIS PARTOUT, IL N'Y A QUE DES IDIOTS DE PIÈTRE ENVERGURE, QUI NE SE SERVIRAIENT DU CAHIER QUE POUR SERVIR LEURS INTÉRÊTS PROPRES ET LEURS AMBITIONS ÉGOÏSTES !

AURAIT-IL PU, AVEC UN SEUL CAHIER, MENER LE MONDE ET L'HUMANITÉ SUR LA VOIE DE LA JUSTICE ?

CES ESCROCS-LÀ SONT LES ENNEMIS DE L'HUMANITÉ !

MOI, JE N'AI JAMAIS PENSÉ À MON INTÉRÊT PERSONNEL ! JE NE SUIS PAS UN DE CES ESCROCS QUI S'ENRICHISSENT EN IMPOSANT LEUR PENSÉE AUX FAIBLES !

LE SEUL À POUVOIR BÂTIR LE MONDE NOUVEAU... ET, INSTALLÉ AU SOMMET, LE SEUL À POUVOIR GUIDER L'HUMANITÉ VERS LA JUSTICE.

JE SUIS LE SEUL À POUVOIR LE FAIRE...

OUI...

138

J'AI BEAU LEUR PARLER, CES ABRUTIS NE COMPRENNENT RIEN...

POUR LE TUER, JE DOIS GAGNER DU TEMPS ET GUETTER L'OCCASION...

SI JE PEUX LE TUER MAINTENANT... DU CALME...

HM ? OUI, SI VOUS Y TENEZ...

EN CE QUI CONCERNE LE CAHIER, JE PENSE QUE VOUS AVEZ DÛ AJOUTER DEUX RÈGLES ULTÉRIEUREMENT : CELLE CONCERNANT LES TREIZE JOURS ET CELLE DISANT QUE LES PERSONNES AYANT TOUCHÉ UN CAHIER MOURRONT SI CE CAHIER EST BRÛLÉ.

J'AI AUSSI L'IMPRESSION QUE CE DIEU DE LA MORT NOMMÉ RYÜK POURRAIT ME CONFIRMER SI CES RÈGLES SONT EXACTES OU NON ET MÊME ME DIRE SI LE CAHIER EST VRAI OU NON, UNE FOIS QUE VOUS AUREZ ÉTÉ ARRÊTÉ.

MÊME SI JE NE PARVIENS PAS À SAVOIR SI LE CAHIER EST VRAI, JE L'ENFERMERAI AFIN QUE PLUS PERSONNE NE PUISSE S'EN SERVIR.

MAIS LE PLUS IMPORTANT MAINTENANT, C'EST DE VOUS CAPTURER.

SI JE PEUX Y INSCRIRE LE NOM DE NEAR QUE JE VIENS DE VOIR...

LE BOUT DE PAPIER DANS MA MONTRE...

ALORS, SI JE PEUX SEULEMENT TUER NEAR... JE VAIS LEURRER LES AUTRES EN LEUR EXPLIQUANT QUE LE CAHIER D'AIZAWA EST FAUX

NEAR... IL N'A PAS L'INTENTION DE ME TUER, J'EN SUIS SÛR...

JE DOIS OUVRIR HABILEMENT MA MONTRE POUR QUE PERSONNE NE S'APERÇOIVE DE RIEN... MAIS JE NE POURRAI PAS ÉVITER QU'ILS REMARQUENT QUELQUE CHOSE AU MOMENT OÙ J'ÉCRIRAI LE NOM...
ALORS, JE DOIS ÉCRIRE LE PLUS RAPIDEMENT POSSIBLE. NATE RIVER... DEUX SECONDES... NON, UNE...
JE VAIS Y ARRIVER !
ENFIN, QUE CE SOIT UN VRAI CAHIER OU UN FAUX, TU NE PERDRAS RIEN À L'EXAMINER, N'EST-CE PAS ?
TAK
TAK
ICI, JE SUIS SUFFISAMMENT ÉLOIGNÉ POUR QUE PERSONNE NE PUISSE M'EMPÊCHER D'AGIR.
TAK

156

TIRE ! ABATS NEAR, LES GENS DU S.P.K., AIZAWA ET LES AUTRES !

MATSUDA !! TU ÉTAIS LE SEUL QUI POUVAIT COMPRENDRE ! KIRA EST LE BIEN ! KIRA EST NÉCESSAIRE !!

AH, SÔICHIRÔ YAGAMI ?

MON PÈRE ?

HAA...

POURQUOI TOUT ÇA...? LE DIRECTEUR ADJOINT... MONSIEUR YAGAMI... IL ÉTAIT TON PÈRE...!

FWAM

VEUX-TU UN MONDE OÙ ON RIDICULISE TOUJOURS LES GENS COMME LUI ?

TU VOIS, MATSUDA... LES TYPES TROP HONNÊTES ET DROITS QUI ONT UN SENS AIGU DE LA JUSTICE FINISSENT TOUJOURS PERDANTS.

PLOO

PLOO

HAA...

POURQUOI TON PÈRE EST-IL DONC MORT...?

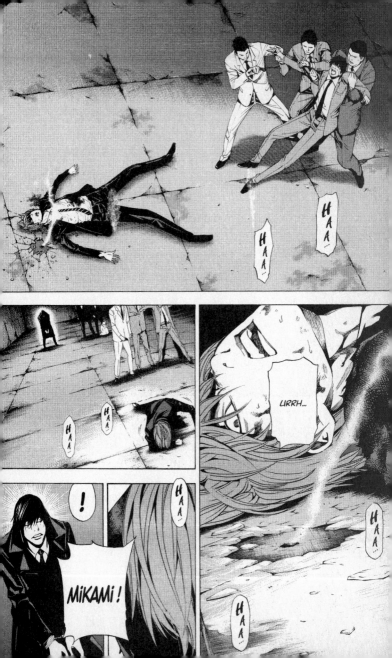

PAGE 107. RIDEAU

MAIS
MAINTENANT
QUE RYÛK
A DIT QU'IL
ALLAIT ÉCRIRE
VOS NOMS,
PLUS PERSONNE
NE POURRA
L'ARRÊTER !
C'EST
TROP TARD !
VOUS ALLEZ
MOURIR !!

HAA...
HAA...
HAA...

ÇA
T'APPRENDRA,
NEAR !
TU AURAIS
DÛ ME TUER
TOUT DE
SUITE !

!?

... C'EST
TOI.

NON,
CELUI QUI VA
MOURIR,
LIGHT...

Scratch

Scratch

RYÛK...
TU...

NE PENSE PAS QUE LES HUMAINS QUI SE SONT SERVIS D'UN CAHIER DE LA MORT PEUVENT ALLER AU PARADIS OU EN ENFER !

PLUS QUE QUELQUES SECONDES AVANT QUE JE MEURE...

NON ! JE NE VEUX PAS MOURIR ! JE NE VEUX PAS MOURIR ! JE NE VEUX PAS MOURIR !

TU DÉCOUVRIRAS TOUT ÇA UNE FOIS QUE TU SERAS MORT !

- All humans will, without exception, eventually die.

  Tous les humains finissent par mourir, sans exception.

- After they die, the place they go is 𝔐𝔘. (Nothingness)

  Mu (le néant) est l'endroit où ils vont après leur mort.

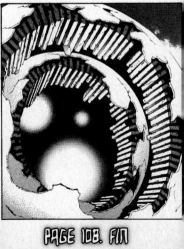

PAGE 108. FIN

C'EST AIZAWA.

BIP BIP BIP

DE L.

MAIS D'OÙ TIENS-TU CETTE INFORMATION ?

L'ENTREPÔT YELLOW BOX...

UNE RÉUNION POUR VENDRE DE LA DROGUE LE 31 JANVIER DANS L'ENTREPÔT YELLOW BOX ?

BIP

...

L...

BON.

ENTENDU.

OUI...

UN AN EXACTEMENT S'EST ÉCOULÉ DEPUIS LA MORT DE KIRA... ET MAINTENANT, CETTE HISTOIRE... C'EST PEUT-ÊTRE LE DESTIN.

GATCHAK

L... LE YELLOW BOX...

IL PARAÎT QUE L A TRAQUÉ CETTE ORGANISATION PENDANT PLUS DE SIX MOIS. C'EST POURQUOI NOUS AVONS UNE RÉUNION CE SOIR À NEUF HEURES AVEC LUI.

BAM

C'EST QUE NEAR A SÛREMENT TUÉ MIKAMI !

MATSU-DA !

AAH... NOUS ALLONS DONC TRAVAILLER SOUS LE COMMAN-DEMENT DE L... ÇA NE M'ENCHANTE VRAIMENT PAS...

MIKAMI EST MORT À LA SUITE D'UNE CRISE DE FOLIE DIX JOURS APRÈS AVOIR ÉTÉ MIS EN PRISON !

SI ! MA THÉORIE EST EXACTE !

TU REVIENS AVEC CETTE THÉORIE... POUR MOI, IL N'Y A RIEN DE SÛR LÀ-DEDANS !

195

IL A DÉTRUIT LA PREUVE QU'IL AVAIT ÉCRIT QUELQUE CHOSE À PROPOS DE MIKAMI DANS LE CAHIER. QUELQU'UN DE NORMAL AURAIT EU TROP PEUR DE BRÛLER LES CAHIERS.

QUAND RYÛK A RÉVÉLÉ À NEAR QUE LA RÈGLE DES TREIZE JOURS ÉTAIT FAUSSE, DE MÊME QUE CELLE DISANT QUE LES GENS QUI AVAIENT TOUCHÉ À UN CAHIER MOURAIENT SI LE CAHIER ÉTAIT DÉTRUIT PAR LE FEU, NEAR A AUSSITÔT BRÛLÉ LES DEUX CAHIERS.

MIKAMI ÉTAIT MANIPULÉ, JE TE DIS !

MIKAMI S'EST-IL FAIT MANIPULER PAR NEAR OU PAS...? LIGHT ÉTAIT DANS L'IMPOSSIBILITÉ DE LE CONTACTER, MAIS IL CONNAISSAIT PEUT-ÊTRE LA RÉPONSE.

... FURENT LES ARMES LES PLUS ABOMINABLES ET LES PLUS PUISSANTES DE TOUS LES TEMPS.

TOUT CE QUE JE PEUX AFFIRMER DÉSORMAIS, C'EST QUE, COMME NEAR L'A DIT AUSSI, CES CAHIERS...

OUI, MAIS, IDE... SI ÇA SE TROUVE... PEUT-ÊTRE QUE... QUAND NEAR A FAIT MODIFIER LE CAHIER QUE MIKAMI EMPORTAIT PARTOUT AVEC LUI, IL SAVAIT TRÈS BIEN QUE C'ÉTAIT UN FAUX !

HM ? C'EST UNE NOUVELLE THÉORIE ?

VROOM

JE T'EXPLIQUE. NEAR SAVAIT QUE LIDNER ÉTAIT EN CONTACT AVEC MELLO ET IL PASSAIT PAR ELLE POUR TRANSMETTRE À MELLO LES INFORMATIONS QUI L'ARRANGEAIENT.

AINSI, NEAR SE DOUTAIT QUE MELLO PASSERAIT À L'ACTION. OU PLUTÔT NEAR LE SAVAIT.

ZAAN

UNE FOIS QUE MELLO PASSAIT À L'ACTION, NEAR POUVAIT DÉCOUVRIR SI LE CAHIER DE MIKAMI ÉTAIT VRAI OU NON.

ET MÊME SI MELLO N'ACCOMPLISSAIT RIEN DE TRÈS DÉCISIF, NEAR POUVAIT TOUJOURS OBTENIR DES INFORMATIONS UTILES.

...

...

MAIS MELLO A JUSTEMENT ESSAYÉ DE DEVANCER NEAR !

TU RÉFLÉCHIS TROP, MATSUDA... JE TE RAPPELLE QUE C'EST NEAR QUI A PROPOSÉ LA DATE DU 28.

... NEAR AURAIT TRÈS BIEN PU DIRE QU'IL ANNULAIT TOUT POUR LE 28. C'EST SON STYLE...

SI MELLO N'ÉTAIT PAS PASSÉ À L'ACTION, OU SI RIEN NE S'ÉTAIT PASSÉ APRÈS SON ACTE...

PAS UNE THÉORIE ?

... TA THÉORIE N'EST PAS UNE THÉORIE...

EN FAIT...

MATSUDA, TU RÉFLÉCHIS TROP !

KIRA,
NOTRE
SEIGNEUR.

AINSI SE CONCLUT L'HISTOIRE DE DEATH NOTE.

◙ Once dead, they can never come back to life.

Une fois morts, ils ne reviennent jamais à la vie.

Galerie des lecteurs

Eléonore d'Hervé
19 ans - Orne

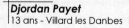
Djordan Payet
13 ans - Villard les Danbes

Galerie des lecteurs

Jessica Pierre-Marie
24 ans-Pringy

Grégory Bagramyan
12 ans - Nice

Hélène Millet
Epinal

Xavier Tanghe
22 ans - Croix

Caroline Delattre
15 ans - Cosme-sur-Loire

Cédric Duperret
15 ans
St Martin en haut

Les jeux vidéo de "Death Note"

Les mangas les plus populaires au Japon connaissent de multiples adaptations, notamment vidéoludiques. "Death Note" n'échappe pas à la règle, puisqu'il n'existe pas moins de trois jeux vidéo tirés de ce manga à grand succès. Nous vous les présentons!

Caractéristiques communes aux jeux de "Death Note"

Actuellement (juillet 2008), trois jeux vidéo disponibles issus de la licence "Death Note" sont sortis au Japon sur Nintendo DS. Ils sont édités par Konami Digital Entertainment.

L'univers graphique respecte à la lettre celui du manga "Death Note" et on reconnaît facilement le design proche de celui des couvertures des tomes.

Cette charte graphique particulière donne une ambiance sombre qui n'est pas sans rappeler celle du manga, à la fois inquiétante et mystérieuse. Les fans sauront l'apprécier.

Death Note Kira Game (2007)

Le premier jeu tiré de l'univers de "Death Note" est sorti au Japon le 15 février 2007. Le scénario se base sur la première partie du manga.

Ce *soft* est décrit comme étant un jeu de communication et de raisonnement. Ce descriptif un peu pompeux, et surtout inhabituel, a probablement pour but de créer un buzz autour de sa sortie, tout comme pour les deux jeux suivants. Ce que le titre désigne sous le nom de "Kira Game" est en fait inspiré des jeux de plateau de type "mafia" ou "loups-garous" ("Lupus in Tabula").

Au début, vous choisissez le personnage que vous désirez incarner,
puis vous décidez qu'il sera L ou Kira. Suivant le camp que vous aurez
choisi, votre but sera de démasquer votre opposant avant que celui-
ci vous découvre.

Le principe du jeu est basé sur une jauge de suspicion que différentes
actions et coups spéciaux peuvent faire monter et descendre.

Au fur et à mesure de l'avancée du jeu, de nouveaux personnages
peuvent être débloqués.

Il existe plusieurs modes de jeu (histoire, à deux joueurs, etc.), et
un mode spécial permet également d'afficher les images des
personnages telles qu'elles apparaissent dans le jeu... un must pour
le fan *hardcore* !

Site web officiel (japonais):
http://www.konami.jp/gs/game/deathnote/kiragame/

Death Note L wo Tsugu Mono (2007)

Ce jeu est un peu l'adaptation de la seconde partie du manga
centrée sur les personnages de Near et de Mello. Le titre signifie en
français "Le Successeur de L". Il est sorti au Japon le 12 juillet 2007.
Il est décrit comme étant un jeu d'aventure et de combat, de
raisonnement et de psychologie (rien moins que cela !).

Ce jeu n'a rien à voir avec le précédent, mais le *gameplay* est
encore une fois inspiré d'un jeu de plateau ("Scotland Yard" pour
ne pas le nommer). Il prend la forme d'une course poursuite dans
la ville. Le joueur doit regrouper des informations et suivre les pistes

"L wo Tsugu Mono",
le deuxième jeu sur DS.
© TSUGUMI OHBA - TAKESHI
OBATA / SHUEISHA Inc. -
VAP - Madhouse - NTV -
D.N. Dream Partners
© 2007 Konami Digital
Entertainment Co., Ltd.

pour arrêter son opposant ou lui échapper. Encore une fois, il vous est proposé de choisir votre camp et d'incarner L ou Kira. Cependant, chacun d'eux possède des particularités - comme poser des pièges ou des caméras de surveillance - qu'il faudra exploiter pour tirer parti du meilleur du personnage et des membres de son équipe (l'équipe de la police est toujours numériquement supérieure à celle des fugitifs).

Le jeu propose également plusieurs modes, dont un mode histoire, un mode à un ou deux joueurs, et un mode explicatif. Et pour couronner le tout, il est possible de débloquer les images des personnages pour les admirer hors des parties de jeu.

Site web officiel (japonais) :
http://www.konami.jp/gs/game/deathnote/l/

L the ProLogue to Death Note – Rasen no Trap (2008)

Le dernier jeu sorti sur DS le 7 février 2008, soit un an après le premier des trois jeux. Comme l'indique son titre (ProLogue à Death Note – un piège en spirale), il se déroule avant les évènements contés dans le manga, et il n'est donc pas question de Kira. Il appartient au genre aventure et duel de raisonnement. Il s'agit en réalité d'un click-and-play où vous devez explorer une scène via le stylet de la DS, récupérer des objets et vous en servir pour résoudre des énigmes et progresser dans le jeu. La difficulté est progressive, et les actions possibles sont dévoilées peu à peu, ce qui permet au joueur de prendre rapidement le jeu en main, sans phase d'apprentissage.

Le troisième et dernier jeu de la licence "Death Note" sur DS.
© TSUGUMI OHBA - TAKESHI OBATA / SHUEISHA inc. - VAP - Madhouse - NTV - D.N. Dream Partners © 2007 Konami Digital Entertainment Co., Ltd.

Victime d'un piège, vous, agent du FBI, vous réveillez dans une vieille chambre d'hôtel. En compagnie de L, vous allez devoir vous sortir de pièges et déjouer ce qui se trame.

En plus de L, Naomi Misora et Raye Penber (qui surviennent selon le sexe du joueur), de nouveaux personnages font leur apparition, ainsi qu'un homme mystérieux.

Site web officiel (japonais) :
http://www.konami.jp/gs/game/deathnote/

Jump Super Stars (2005)
Jump Ultimate Stars (2006)

Enfin, ces deux autres jeux non inspirés de "Death Note" impliquent quelques-uns de ses personnages. Ce sont deux jeux de combat qui se font suite et qui regroupent les héros des mangas phare du magazine "Shônen Jump" dans un gigantesque cross-over ("Naruto", "Dragon Ball", "One Piece", "Prince du Tennis", etc.).

Le premier jeu propose de jouer avec Light et L (Misa apparaissant en tant qu'adjuvant), tandis que la suite permet de jouer en plus avec Near et Mello.

Il s'agit probablement des jeux les plus faciles à jouer si vous ne parlez pas japonais.

Site web officiel (japonais) :
http://www.nintendo.co.jp/ds/ajsj/
http://www.nintendo.co.jp/ds/ajuj/

Ce genre de jeu qui regroupe des personnages issus de mangas d'un même magazine existe depuis les années 1990.
© Jump Super Stars Project
© 2005 Nintendo / Ganbarion

Les trois jeux inspirés du manga "Death Note" sont très différents les uns des autres et ils s'adressent à un public similaire à celui du manga. Il est rare que les jeux à licence soient soignés, mais ceux de "Death Note" tirent leur épingle du jeu en proposant des genres inhabituels. Pour votre information, certaines boutiques et certains sites internet proposent des jeux japonais (pouvant être joués sur DS européenne), mais une bonne connaissance de la langue est nécessaire pour profiter pleinement de ceux présentés ici.

Parmi tous les types de licences dérivés des mangas qui peuvent exister au Japon (séries animées, films live, romans, etc.), les jeux vidéo sont probablement ceux qui sont les plus rarement édités en Europe. Seules quelques grandes licences, comme certains jeux vidéo tirés des mangas "Naruto", "Bleach" ou "Yu-Gi-Oh !" nous parviennent. Cet état de choses vient probablement du fait que beaucoup de jeux vidéo sont trop "typés japonais" pour être vraiment exploitables en Europe. Il existe de nombreux genres de jeux vidéo très répandus au Japon que nous n'avons pas la chance de découvrir ici (simulations de train, etc.). Verra-t-on un jour les jeux de "Death Note" sur DS édités chez nous ? Rien n'est moins sûr…

La jaquette du jeu "Jump Ultimate Stars" sur DS. Cherchez Light et Ryûk (indice : regardez dans le cadran sud-est).
© Jump Super Stars Project
© 2005 Nintendo / Ganbarion

Le nouveau téléfilm animé

Un nouveau téléfilm d'animation de "Death Note" a été annoncé pour fin août 2008. À l'heure où ces lignes sont écrites, il n'a pas encore été diffusé, mais profitons-en pour lever le voile sur ce scoop.

3e téléfilm (22 août 2008)

Nous vous avions présenté dans le volume 9 les deux téléfilms précédents. Le second d'entre eux était un remontage de la première partie de la série animée.

Le nouveau téléfilm est en réalité la suite de ce second volet, car il consiste en un nouveau montage des scènes marquantes de la seconde partie de l'animé et il sera diffusé environ un an après son prédécesseur.

Son titre est "Death Note : Rewrite 2 L wo Tsugu Mono" (Death Note : Rewrite 2 le successeur de L). Il est similaire au titre du deuxième jeu sorti sur DS (cf. ci-dessus).

La diffusion aura lieu le 22 août de 21 h 03 à 22 h 54 sur la chaîne Nippon TV dans l'émission "Kin'yô Road Show" où avaient déjà été diffusés le téléfilm précédent ainsi que les deux premiers films live.

L'annonce de sa programmation a été faite environ un mois avant la diffusion, vers fin juillet, créant ainsi une surprise générale, car personne n'attendait le retour de l'animé de "Death Note".

Le DVD du remontage de la première partie de la série télévisée.
© TSUGUMI OHBA - TAKESHI OBATA / SHUEISHA Inc. - VAP – Madhouse

L'histoire

Pour tous les spectateurs n'ayant vu ni la série animée ni le téléfilm précédent, toute la première partie de l'histoire sera expliquée par L et Watari en guise de prologue à ce nouveau téléfilm.

Comme vous vous en doutez, la suite se déroule quatre ans après les évènements contés dans le téléfilm précédent et elle narre le combat entre Kira (Light) et les successeurs de L (Near et Mello) jusqu'à sa conclusion.

Étant donné le temps qui sépare ce nouveau téléfilm de son prédécesseur, on peut imaginer que le remontage aura été peaufiné. On peut même s'attendre à de nouvelles scènes animées spécialement conçues pour l'occasion. Et enfin, pourquoi ne pas rêver à la mise en animation du tout dernier chapitre du manga qui en constitue la conclusion ? Cette ultime partie n'avait, en effet, pas été adaptée dans la version animée de "Death Note".

Après la diffusion de ce troisième téléfilm, nous n'aurons plus qu'à attendre une édition DVD japonaise, puis une éventuelle sortie européenne. Mais ensuite, que pourra nous proposer "Death Note" ? Nous pensons qu'il n'a pas dit son dernier mot. Ce téléfilm en est la preuve : personne ne l'attendait.

Site web officiel (japonais) :
http://www.ntv.co.jp/kinro/lineup/20080822/

Les démons n'ont qu'à bien se tenir !

Depuis des années, les Vandels, des démons aux pouvoirs magiques terrifiants, oppressent la population. Le jeune Beet devenu un buster -un chasseur d'élite- et armé des fascinants saïgas, va se dresser devant eux !

BLUE DRAGON

Ral Ω Grad

L'humanité est menacée !

Un shonen dévastateur en 4 volumes !

Les Kages sont des
ombres maléfiques
et monstrueuses qui
s'attaquent aux hommes.

Une seule personne
peut les vaincre : Ral !

Avec l'aide de Grad,
le terrible blue dragon
qui vit en lui,
Ral parviendra-t-il
à sauver le monde ?!

Dark Kana - 4 tomes disponibles.

Ce manga est publié dans son sens
de lecture originale, de droite à gauche.

Ici, vous êtes donc à la fin.

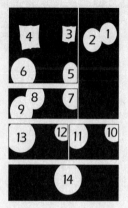

DEATH NOTE

DEATH NOTE © 2003 by Tsugumi Ohba, Takeshi Obata
All rights reserved.
First published in Japan in 2003 by SHUEISHA Inc., Tokyo.
French translation rights in France and French-speaking Belgium, Luxembourg, Switzerland and Canada
arranged by SHUEISHA Inc. through VIZ Media Europe, SARL, France.

© KANA 2008
© KANA (DARGAUD-LOMBARD s.a.) 2011
7, avenue P-H Spaak - 1060 Bruxelles
4e édition

Dépôt légal d/2008/0086/351
ISBN 978-2-5050-0429-5

Conception graphique : Les Travaux d'Hercule
Traduit et adapté en français par Shinya Seto
Adaptation graphique : Eric Montésinos

Imprimé en Italie par G. Canale & C. S.p.A. - Borgaro T.se (Torino)